UN

VOYAGE A BORNÉO

PAR

le Dr A. PITON

Médecin de la marine

Extrait de la Revue maritime et coloniale

(Avril-Mai 1888)

PARIS

LIBRAIRIE MILITAIRE DE L. BAUDOIN ET Cie

IMPRIMEURS-ÉDITEURS

30, Rue et Passage Dauphine, 30

1888

UN

VOYAGE A BORNÉO

PAR

le Dr A. PITON
Médecin de la marine

Extrait de la **Revue maritime et coloniale**
(Avril-Mai 1888)

PARIS
LIBRAIRIE MILITAIRE DE L. BAUDOIN ET Cie
IMPRIMEURS-ÉDITEURS
30, Rue et Passage Dauphine, 30

1888

UN

VOYAGE A BORNÉO

Au mois de septembre 1881, l'aviso le *Kersaint*, sur lequel nous étions embarqué, reçut l'ordre de visiter les principaux ports de l'île Bornéo ; la récente prise de possession, par les Anglais, du territoire de Sandakan, situé au nord de l'île, donnait à ce voyage un intérêt tout particulier. Malheureusement, il fut de trop courte durée et nous n'eûmes que le temps de prendre rapidement quelques notes sur les productions et le commerce du pays.

Nous avons essayé de compléter notre étude en puisant dans les journaux et les bibliothèques de Hong-kong, Canton et Shang-haï. Les lettres du rajah Brooke, l'excellent livre de Joseph Hatton, *the New Ceylon*, nous ont été d'un grand secours, ainsi que l'étude de M. Avalle, sur les colonies anglaises, et le rapport du Dr Sollaud, sur la campagne du Kerguelen, dans les mers de Chine.

La proximité de Bornéo, de la Cochinchine et du Tonkin créera nécessairement des rapports commerciaux entre ces pays ; nous serions très heureux si ces notes pouvaient être de quelque utilité à ceux qui seront chargés d'établir les premières relations.

L'île de Bornéo est située, en latitude, entre le 7° degré Nord et le 4° degré Sud et, en longitude, entre les 109° et 119° degrés Est. Elle est bornée, au Nord et à l'Ouest, par la mer de Chine ; au Sud, par la mer de Java; et, à l'Est, par le détroit de Macassar et la mer des Célèbes.

Sa forme générale est celle d'un quadrilatère irrégulier; sa plus grande dimension, du Nord au Sud, est de 265 lieues et, sa plus grande largeur, de 240 lieues. La surface totale comprend 46,250 lieues carrées; elle est donc un peu plus grande que la France et triple de l'Angleterre.

L'étendue des côtes dépasse 3,000 milles; on trouve d'excellents ports à chaque embouchure de rivières; celles-ci sont très nombreuses et toutes navigables sur un long parcours.

Bas et marécageux sur les bords de la mer, le pays est très accidenté au centre; le mont Kini-balou, le plus élevé, atteint 4,000 mètres.

Les produits les plus riches et les plus variés de la végétation tropicale forment d'épaisses forêts et ont fait donner à Bornéo le nom de « Jardin du soleil », « Terre de l'éternel printemps »; cependant, il y a soixante ans à peine, elle était encore presque inconnue à la plupart des peuples de l'Europe.

« Il est triste, disait en 1812 un Anglais, sir J. Hunt, dans un rapport adressé à sir Stampford Rafles sur la Compagnie des Indes, de voir une île aussi grande, aussi riche et aussi productive que Bornéo plongée dans la barbarie la plus profonde. »

Les Hollandais, il est vrai, s'y étaient établis vers 1600, et, peu d'années après, des relations amicales commençaient entre la Hollande et Bornéo.

En 1609, ils concluaient un traité de commerce avec le sultan de Sambas et fondaient dans cette ville une factorerie abandonnée au bout de vingt ans.

En 1707, les Anglais se montrent à Bornéo et essayent vainement de s'y maintenir; en 1763, ils prennent Balambangan, mais, en 1775, la garnison est massacrée par les pirates.

En 1776, les Hollandais s'emparent de Pontianak et, en 1780, le sultan de cette principauté leur cède la côte Ouest; de concert avec lui, ils détruisent Succadana et se rendent maîtres de la côte Sud.

En 1818, les Hollandais, que les Anglais avaient chassés de leurs possessions, y reviennent pour la troisième fois et réussissent à s'y maintenir. Peu à peu, ils affermissent leur autorité et divisent la côte Sud en trois résidences: Pontianak, Sambas et Benjaar-Sameen.

Mais les révoltes des chefs, l'insalubrité du climat, la paresse des habitants, la mauvaise nature du sol n'ont pas permis le développement de cette colonie, qui est aujourd'hui sans intérêt. Aussi, ne nous occuperons-nous que de la partie Nord de Bornéo comprenant les États de Sarrawak, de Bruni ou Bornéo proprement dit et la compagnie de North Bornéo. Une petite île, située en face de la capitale du royaume de Bruni, Labouan, appartenant aux Anglais, nous arrêtera également quelques instants.

Du reste, ces deux parties Nord et Sud sont complètement distinctes, tant au point de vue physique qu'au point de vue politique. Elles sont séparées par une chaîne de montagnes partant, à l'Ouest, du cap Datou et venant rejoindre, à l'Est, les monts cristallins qui courent du Nord au Sud.

D'après les limites établies en 1846, les points extrêmes des possessions hollandaises seraient, à l'Ouest, le cap Datou et, à l'Est, la rivière Atas ; les Hollandais revendiquent, cependant, toute la côte Est jusqu'à Sibouco ; l'étendue du territoire hollandais est de 30,850 lieues carrées, tandis que les principautés du Nord n'en comprennent que 15,400.

PARTIE NORD DE BORNÉO

I.

PRINCIPAUTÉ DE SARRAWAK.

La première des principautés du nord de Bornéo, que nous eûmes le plaisir de visiter, fut celle de Sarrawak.

Le 27 novembre 1881, vers sept heures du soir, nous arrivions à l'entrée de la rivière qui conduit à la capitale de ce royaume, Sarrawak ou Kuchin. L'accès en est difficile, à cause des déplacements continuels que subissent les bancs de sable de l'embouchure ; aussi n'osons-nous nous y engager, malgré l'invitation d'un joli phare qui éclaire les deux rives.

Le lendemain, de grand matin, nous naviguons entre les produits les plus variés d'une puissante végétation ; le palmier nipa, dont les feuilles servent à la construction des toits; les cocotiers, les fougères arborescentes, les bambous se succèdent agréablement, offrant à l'œil une perspective toujours nouvelle; la rivière coulait calme et rapide, sillonnée çà et là de jolis serpents d'eau aux reflets verts et dorés.

Dans le lointain, cachant leur tête dans les nuages, se dressaient le mont Matang, haut de 1,000 mètres, et le mont Brooke, ainsi nommé, à cause de la vague ressemblance que les indigènes lui avaient trouvée avec le premier rajah.

Nous avançons lentement, la sonde à la main, et ce n'est qu'au bout de quatre heures de prudente navigation que nous arrivons au mouillage Quop, situé à quatorze mille marins de Sarrawak. A cet endroit, la rivière, qui se bifurque, est large de 200 mètres environ et profonde de 8 à 10 mètres; sur l'affluent gauche, une grande case entourée de quelques misérables huttes sert de magasin pour les minéraux exploités dans le pays, surtout pour l'antimoine. L'affluent de droite continue la rivière proprement dite et va jusqu'à la capitale.

A peine mouillés, nous recevons du rajah l'aimable invitation de lui rendre visite. La distance était un peu longue, le soleil était bien ardent, mais notre curiosité l'emporte et, gaiement, nous partons en embarcation pour Sarrawak.

L'aspect de la rivière est absolument le même qu'avant le mouillage Quop; cependant, quelques pauvres cases malaises, bâties sur pilotis, semblent çà et là sortir de l'eau; une échelle en bambou permet d'arriver à un plancher également en bambou recouvert de lattes fournies par le palmier niboeng; le toit est supporté par des troncs de palmier nipa et rendu plus ou moins imperméable à l'eau au moyen des feuilles du même arbre. Ces maisons sont petites, basses, malsaines; un petit enclos les sépare les unes des autres et, dans cet enclos, grouillent porcs, volailles, hommes, femmes et enfants. Un tronc d'arbre, creusé en forme de pirogue, est attaché au pilotis; c'est le bateau de pêche qui doit, avec le riz et les quelques légumes cultivés autour des huttes, fournir à l'alimentation de la famille. Cette misère contrastait désagréablement avec la richesse de la végétation.

Tout à coup, à un coude de la rivière, apparaît sur la rive gauche une grande construction blanche brillant sous les rayons du soleil; les hommes se penchent sur leurs avirons, nous doublons de vitesse, et bientôt nous distinguons au sommet du fort le pavillon du rajah à fond jaune, avec une croix rouge et bleue portant une couronne ; encore quelques coups d'aviron et nous sommes à l'entrée de la ville.

Sur la rive gauche, s'élève le palais du rajah ; sur la rive droite, Sarrawak.

Nous continuons à avancer le long d'un joli quai qui nous conduit à l'entrée du palais. Un petit parc en forme l'avenue principale au fond de laquelle se dresse, entourée de grands jardins, la demeure un peu sombre de sir Charles Brooke, aux allures de château crénelé du moyen âge.

L'hospitalité la plus cordiale nous y attendait. Après une entrevue des plus aimables, exempte de toute étiquette fastidieuse, et malgré les ardeurs du soleil, nous commençons à parcourir les rues de la ville.

Le quai, long d'environ 600 mètres, est bordé de maisons à un étage, presque toutes habitées par des Chinois : c'est le quartier commerçant où sont exposés les produits du pays à côté des produits chinois et européens.

Trois rues, parallèles au quai et coupées par une dizaine d'autres rues perpendiculaires, forment toute la ville ; elles sont exclusivement habitées par des Malais et quelques Chinois.

A l'ouest de ce quartier, qu'on peut appeler la ville malaise, s'élèvent quelques constructions européennes. La plus remarquable se trouve en face du débarcadère, au centre d'une petite place: c'est un vaste bâtiment carré auquel on arrive par un perron de dix marches; de chaque côté du perron sont quelques vieux canons pris aux pirates malais. L'un d'entre eux, très curieux, est double, très étroit et long de deux mètres environ.

Dans ce bâtiment se trouve la poste, le télégraphe, le bureau du résident ou principal magistrat et le tribunal où le rajah rend la justice. La statue de sir James Brooke préside aux décisions du Conseil.

Vers le mois de septembre 1881, la foudre a frappé cet édifice ; elle a marqué son passage en laissant sur un des murs intérieurs de la salle du tribunal une longue traînée noire qui s'arrête à quelques centimètres au-dessus de la statue. Les superstitieux Malais y ont vu la manifestation de la volonté divine qui leur enjoint de respecter les descendants de sir James, comme la foudre a respecté la statue.

Plus loin, la cathédrale, l'imprimerie du journal de Sarrawak, un hôtel et le club; car ici, comme partout, les Anglais ont leur club, leur lawn-tennis, leur cricket-ground, voire même une sorte de rowing-club : ce sont les compléments indispensables de leur bonheur.

Un hôpital, contenant cinquante lits, est dirigé depuis 1866 par le Dr Houghton.

Nous avions à peine eu le temps de visiter cette petite capitale, que les officiers qui nous accompagnaient nous avertirent qu'il était temps de rentrer; l'heure du dîner approchait, et nous ne devions pas faire attendre le rajah.

Nous passâmes une soirée charmante; la raideur britannique avait, à Bornéo, fait place à une expansion tout amicale et ce fut avec un vif regret que nous prîmes congé de nos aimables hôtes.

Cette petite principauté, dont le rajah Brooke est le souverain absolu, a une histoire assez curieuse pour qu'on s'y arrête un instant. La façon dont elle s'est formée, la rapidité de son développement et sa prospérité actuelle font le plus grand honneur aux hommes qui l'ont créée et dirigée.

Sir James, premier rajah et fondateur de ce royaume, était un officier anglais au service de la Compagnie des Indes. Fatigué par de longues années de travail, blessé même dans un combat contre des pirates, il donna sa démission et se mit à voyager sur son yacht le *Royalist* pour rétablir sa santé.

En 1839, il vint pour la première fois à Sarrawak; quelques chefs avaient soulevé le pays et voulaient le soustraire à l'autorité du rajah Amar-Ali, sultan de Bornéo. Muda-Hassim, oncle du rajah, luttait depuis trois ans contre les rebelles sans pouvoir les soumettre. Sir James devint son conseiller, sans vouloir, néanmoins, s'occuper activement des affaires du pays.

Intrigué, il revint l'année suivante, au mois de juillet, avec l'intention de n'y rester qu'une semaine; mais Muda-Hassim le supplia tellement qu'il prolongea son séjour bien plus longtemps qu'il ne voulait. Muda voyant les difficultés s'accumuler autour de lui, pria Brooke de prendre sa cause en main. Sir James refusa tout d'abord, mais peu à peu il se laissa persuader. « La cause du rajah Amar-Ali est juste, écrit-il dans une lettre adressée le 10 décembre 1840 à sir James Garden; c'est un homme plein de bonnes intentions: il aime l'Angleterre, et je ne puis, sans y compatir, voir un si aimable prince écrasé par les rebelles. »

Il entra donc en campagne contre les révoltés et, trois mois après, ceux-ci se rendaient à discrétion. Il obtint du sultan qu'ils auraient la vie sauve; leurs femmes et leurs enfants furent cependant retenus en otage pendant neuf mois au bout desquels ils furent rendus à leurs familles.

Le sultan lui offrit alors le gouvernement du pays pacifié; mais craignant de passer, aux yeux des chefs indigènes, pour un usurpateur et de susciter de nouvelles révoltes, il crut devoir refuser.

Sur ces entrefaites il fit un voyage à Singapour et ne revint à Sarrawak qu'au mois d'avril 1841.

Muda-Hassim le presse de nouveau d'accepter ses offres, lui assurant qu'il n'avait rien à craindre, et, enfin, le 24 septembre 1841, Sir James Brooke consent à prendre le titre de *Rajah de Sarrawak.* Cette principauté et son gouvernement, tout en restant sous la dépendance du sultan de Bornéo, lui étaient cédés moyennant un payement annuel de 2,500 dollars. « Il ne devait pas violer les coutumes et la religion des Dayacks; et, en retour, personne ne devait le contrarier dans le gouvernement de sa principauté. »

Sa première occupation fut de réglementer ses sujets; il fit un code, institua une cour de justice où siégeaient, à côté de lui, les frères de Muda-Hassim; il tint des conférences avec la plupart des chefs dayacks, à qui il exposa ses plans et le dessein qu'il avait :

1° D'encourager l'immigration des Chinois et des Javanais, qu'il frapperait, au bout d'un an de séjour à Sarrawak, d'une taxe annuelle d'un dollar par tête. La même taxe serait imposée aux Dayacks et aux Malais, partout où ils seraient en état de payer.

2° D'ouvrir des relations amicales avec les différents chefs des tribus de l'intérieur.

3° D'aller avec le rajah Muda-Hassim, à Bruni, capitale du sultan, et d'y établir l'influence anglaise.

4° D'enlever l'oppression qui pesait sur le cultivateur et d'accorder la plus grande liberté au commerce.

5° De détruire la piraterie.

C'était une tâche bien dure que s'imposait là sir James Brooke.

L'autorité du sultan Amar-Ali était à peine reconnue, quelques chefs puissants fomentaient des révoltes dans tout le pays, commettant les exactions les plus honteuses sur leurs sujets, les forçant à leur livrer leurs produits à très bas prix et les menant ainsi soit à la révolte, soit à la misère la plus abjecte. Ils obligeaient, par exemple, toute une famille à échanger son riz contre une quantité égale de sel, et lorsqu'elle mourait de faim, ils venaient lui offrir de racheter ce riz, mais il fallait, pour cela, donner de l'antimoine, et, à ce marché, la malheureuse famille perdait encore bien plus qu'au premier.

Les Dayacks des montagnes étaient surtout persécutés : à la cruauté des chefs venait s'ajouter celle des pirates malais. A chaque instant, ceux-ci faisaient des incursions sur leurs territoires, pillant, volant, saccageant tout ce qu'ils trouvaient, enlevant femmes et enfants qu'ils emmenaient en esclavage.

Nous ne suivrons pas le rajah Brooke à travers toutes ses campagnes avec l'amiral anglais Keppel contre les pirates et les rebelles; il mit peu à peu ses projets à exécution, et, lorsqu'il mourut en 1868, il laissa à son neveu, sir Charles Brooke, rajah actuel, un État florissant. La piraterie était abolie; à peine quelques rebelles osaient encore lever l'étendard de la révolte. Les Chinois commençaient à peupler Sarrawak; l'Angleterre avait prouvé son influence à Bornéo, en prenant l'île de Labouan; le commerce avait pris de l'extension; sir Charles n'avait plus qu'à continuer l'œuvre de son oncle.

Il a, du reste, mené à bonne fin l'entreprise commencée par son prédécesseur; un coup d'œil rapide sur l'état actuel de la principauté va nous en montrer la prospérité.

Aperçu géographique. — Le territoire de Sarrawak s'étend du cap Datou au cap Kidorong; à l'Est, une ligne à peu près droite, allant du cap Kidorong à la source de la rivière Rajang, le sépare des États du sultan de Bruni; au Sud, il est séparé des possessions hollandaises par une chaîne de montagnes courant de l'Est à l'Ouest; on y remarque les monts Penrissan, Tandong et Tebang.

Sa superficie est de 4,865 lieues carrées. Les côtes, qui ont une étendue de 250 milles marins, sont basses, marécageuses et couvertes de palétuviers. Une vingtaine de rivières sillonnent le pays, ce sont : de l'Est à l'Ouest, les rivières Lundu, Sarrawak, Sadong, Sirap, Lupar, Saribus, Kalukak, Bejang; cette dernière forme un immense delta et se jette à la mer par quatre embouchures principales. Puis viennent les rivières Bezang, Balong, Palo, Bruil, Oja, Mukan, Tembongan, Nipa, Tiding, Balino, Tatan et Bintulu.

Entre la rivière Lundu et le cap Datou, est une baie renommée pour la pêche des tortues de mer et du poisson *trobok*, dont la laitance est un des mets délicats des Chinois.

A l'intérieur, le pays est accidenté ; on y voit quelques pics élevés, le mont Poe, qui a 2,000 mètres, le mont Matang, haut de 1000 mètres, et le mont Penrissan, haut de 1800 mètres.

Les villes principales sont Sarrawak, qui contient la moitié de la population de la principauté, soit 12,500 habitants, Bintulu, Lundu et Sarebas.

Trois routes assez bien tracées courent de l'Est à l'Ouest, mais la voie des rivières est encore le moyen de transport le plus prompt et le moins coûteux.

Population. — Le pays tout entier compte 25,000 habitants, dont 3,000 Chinois, 8,000 Malais et 14,000 Dayacks.

Qu'on nous permette ici une digression : les mœurs des Dayacks sont assez peu connues pour que nous en donnions quelques détails empruntés principalement au Dr Hougthon, de Sarrawak.

Les Dayacks forment la race aborigène ; ils habitent l'intérieur et sont presque tous cultivateurs. Les légendes les plus invraisemblables, entre autres celle des coupeurs de têtes, ont été racontées à leur sujet. La plupart sont dénuées de fondement et, quant aux têtes coupées, c'étaient celles des ennemis tués dans le combat ; les voyageurs et les commerçants n'ont jamais eu à redouter que le pirate malais des côtes.

La taille du Dayack varie entre 1m,50 et 1m,55 ; les cheveux sont bruns, épais et, parfois, fort longs ; le front est bas ; les yeux noirs et saillants ; le nez épaté, la bouche grande, les lèvres grosses, les dents projetées en avant. La face est large et aplatie ; la peau est de couleur jaune sale ; les pieds et les mains sont petits. La femme est laide en général. Le type dayack ressemble beaucoup au type malais.

Le vêtement est bien simple ; l'homme porte une sorte de tablier attaché à la ceinture qui supporte sa pipe, son tabac et son kriss. La femme s'habille d'un jupon très court ; comme ornement, elle a une ceinture de cuivre et des bracelets de porcelaine blanche. Aux oreilles pendent des anneaux de cuivre, ou, si elle est pauvre, des fleurs et des feuilles sont passées dans un trou fait au lobule. Aux jours de fête, les vêtements restent les mêmes; la beauté et la richesse de l'étoffe changent seules; les cheveux, ornés de fleurs, sont tressés en pain de sucre; une étoffe rouge complète parfois la coiffure. Le tatouage est inconnu des Dayacks; quelques-uns, cependant, se noircissent les dents. Ils prennent un morceau de bois de l'espèce appelée *sinka*, le chauffent et laissent tomber la sève sur la lame d'un parang (arme dayack en acier) préalablement trempé dans de l'eau. Le mélange de cette sève avec l'eau forme un liquide couleur de jais dont une seule application suffit à rendre à jamais les dents noires.

Les maisons, construites en bambou et en palmier nipa, sont partout les mêmes; celles de la rivière de Sarrawak en offrent un modèle parfait, à cela près que le pilotis est supprimé dans l'intérieur des terres.

La nourriture se compose principalement de riz bouilli, de quelques végétaux, tels que concombre, igname, lotus; de porc, poulet et poisson frais, sec ou salé.

Presque tous les instruments de cuisine sont en bambou; il est rare de rencontrer des vases de terre ou de fer. Le Dayack fait trois repas par jour: à sept ou huit heures du matin, à midi et à cinq ou six heures du soir; mais, en voyage, ou quand les travaux sont pressés, il se contente d'un seul repas et s'en passe même au besoin.

La famille se compose, en général, de trois ou quatre enfants; la mère les nourrit jusqu'à quatre ou cinq ans. A sa naissance, l'enfant est offert à l'Être suprême; on répand sur lui et sur les parents du sang de porc et du lait de coco destinés à chasser le mauvais esprit et à soustraire le nouveau-né à sa funeste influence.

Bien que les Dayacks n'aient pas de moyen pour compter les années, on pense qu'ils vivent jusqu'à 60 et 70 ans; ils supputent le temps au nombre de récoltes de riz, à l'accroissement de certains arbres, au nombre d'invasions de pirates.

Pas de cérémonie de mariage; la jeune fille est conduite chez son fiancé ou chez ses parents et elle est tout de suite considérée comme faisant partie de la famille.

Les Dayacks croient qu'il y a au-dessus de ce monde des régions semblables à celles de la terre et que les lacs et les montagnes sont habités par des esprits appelés « Minos » qui ne sont autres que les âmes de leurs parents morts.

Ils ont foi en un être suprême appelé « Balow Adad » et en certains fétiches, ou pierres magiques, « Guna », auxquels ils prêtent un pouvoir surnaturel. Ces pierres sont, à certains jours, portées en procession ; on y a recours dans une foule de circonstances.

Lorsqu'un membre de la famille tombe malade, on appelle un prêtre, « Manang » ; celui-ci, au lieu de donner ses soins au malade lui-même, achète un porc, qu'il étend sur une natte, revêtu des vêtements du patient. Il se livre sur l'animal à différentes pratiques, fait incantations sur incantations, passes sur passes, jusqu'à ce que le malade guérisse ou meure. S'il guérit, la famille récompense le manang en lui payant le porc ; s'il meurt, le porc reste à sa charge.

Ce système rappelle beaucoup le traitement par « la sympathie », qui a eu cours en Europe au moyen âge.

Parfois, l'on a recours aux pierres magiques et aux sacrifices de porcs et de poulets pour apaiser le mauvais esprit.

Les morts sont enterrés ou brûlés ; dans le premier cas, on enterre avec eux différents objets et, entre autres, un petit collier qui doit servir à apaiser un chien féroce qui garde l'entrée du paradis ; dans le second, on brûle également des animaux : porcs, si la famille est riche ; poulets, si elle est pauvre ; quelquefois même, on ne brûle qu'une partie de l'animal.

Une coutume barbare existe parmi les Dayacks ; elle ne leur est cependant pas spéciale, car on la retrouve dans toute la Malaisie, à Soulou, dans les îles Philippines : c'est celle de l'Amok. Un individu veut-il se suicider, au lieu de se tuer lui-même, il se précipite, le kriss à la main, au milieu d'une foule nombreuse, frappant tous ceux qu'il peut atteindre jusqu'à ce qu'il tombe blessé à mort. Malheureusement, les victimes qu'il fait avant de mourir sont souvent nombreuses. Nous avons vu, dans l'île Soulou, un chef de musique tagal au service de l'armée espagnole, grièvement blessé par un de ces fous dangereux. Hâtons-nous de dire que ce sont là des faits rares qui n'influent en rien sur le caractère d'un peuple.

On a appelé les Dayacks « coupeurs de têtes » ; Boyle, dans son voyage à Bornéo en 1845, raconte une danse exécutée par un Dayack et qu'il désigne sous le nom de danse des coupeurs de têtes. « Joke, — c'est le nom du danseur, — commence par marcher très vivement, simulant un départ triomphal avec ses compagnons; puis, il se traîne furtivement jusqu'au pays ennemi. Tout à coup, il est surpris avec ses amis; un combat général s'engage. Tous ses camarades sont tués, on leur coupe la tête. Joke réussit seul à s'enfuir. Perdu dans un bois ennemi, n'osant faire de feu, mourant de faim, il marche à pas alanguis et il tombe bientôt pour mourir. Cependant, il se relève dans un dernier effort et arrive en rampant jusqu'à son village, où il est reçu avec des danses joyeuses. »

Cette description nous indique certainement que les Dayacks coupent les têtes des ennemis prisonniers, mais on n'en peut conclure à leur férocité.

Il ne nous appartient pas de rechercher si les causes des fréquentes guerres que se font les diverses tribus sont justes; on a prétendu qu'un jeune homme, désireux de la main d'une jeune fille, partait parfois seul en campagne et ne revenait que la ceinture ornée des têtes des ennemis tués, déposer ces trophées au pied de celle qu'il aimait. Nous ne pouvons ni ne voulons contester le fait; mais l'amour ne peut-il être une excuse suffisante, même pour un Dayack? Loin d'être cruel, le Dayack est doux et juste. Tout crime, tout vol, tout assassinat est sévèrement puni; la mort est souvent le châtiment du coupable.

Le condamné est conduit sans liens au lieu du supplice; on le fait asseoir dans une chaise à bras; l'exécuteur se place derrière lui, armé d'un kriss de 18 pouces de long et tout droit; puis, il plonge l'arme jusqu'à la garde entre l'omoplate et la clavicule gauche. Le cœur est transpercé et le criminel tombe mort dans sa chaise.

Quelquefois, le bourreau se sert d'une autre arme appelée « parang latok » et, dans ce cas, le genre d'exécution est différent. Cette arme est longue de 2 pieds environ, large de 2 pouces à la pointe et va en se rétrécissant jusqu'à la poignée, où elle est carrée, avec 1 pouce d'épaisseur. Le condamné est agenouillé; l'exécuteur, placé à côté de lui, un peu en arrière, le frappe au cou et, en général, fait sauter la tête au premier coup de son arme.

A quelle famille humaine appartiennent les Dayacks? Quiconque les a vus, reconnaît immédiatement le type malais. Dans la petite armée de Sarrawak, Malais et Dayacks portent le même uniforme et, à moins d'une bien grande habitude, il est absolument impossible de les distinguer. La taille, le facies, la couleur sont absolument les mêmes; les caractères seuls sont différents. Nous en trouvons la raison dans ce que les Dayacks se sont livrés à l'agriculture, *lenit mores, nec sinit esse feros*, et, les Malais, au métier de la mer, qui les a souvent conduits à la piraterie.

Climat.—Le climat de la principauté de Sarrawak est sain comme celui de toute la côte Nord de Bornéo ; la température n'est exagérée dans aucun sens, ainsi qu'on peut le voir par les deux tableaux suivants :

Température de Sarrawak, de novembre 1880 à novembre 1881.

DE NOVEMBRE 1880 à NOVEMBRE 1881.		Six heures et demie du matin.	MOYENNE de six heures et demie du matin.	Midi et demi.	MOYENNE de midi et demi.	MOYENNE du mois.
Novembre 1880.	Du 1er au 10.	22°0	23°4	30°2	30°5	27°0
	Du 10 au 20.	24 2		30 6		
	Du 20 au 30.	23 9		30 6		
Décembre......	Du 1er au 10.	23 8	23 8	30 2	30 0	27 0
	Du 10 au 20.	23 8		30 2		
	Du 20 au 31.	23 7		29 8		
Janvier 1881....	Du 1er au 10.	23 8	23 5	29 6	28 5	26 0
	Du 10 au 20.	23 5		28 6		
	Du 20 au 31.	23 2		27 3		
Février........	Du 1er au 10.	23 6	23 6	30 4	30 0	26 8
	Du 10 au 20.	23 5		29 8		
	Du 20 au 28.	23 6		30 2		
Mars..........	Du 1er au 10.	23 2	23 3	28 4	29 1	26 2
	Du 10 au 20.	23 2		29 9		
	Du 20 au 31.	23 5		29 2		
Avril..........	Du 1er au 10.	23 8	23 9	30 9	30 8	27 4
	Du 10 au 20.	23 8		30 6		
	Du 20 au 30.	24 2		31 1		
Mai............	Du 1er au 10.	22 9	22 7	31 1	31 0	27 0
	Du 10 au 20.	22 1		31 5		
	Du 20 au 31.	23 0		30 5		
Juin...........	Du 1er au 10.	22 6	22 5	30 6	30 6	26 6
	Du 10 au 20.	22 2		29 7		
	Du 20 au 30.	22 8		31 5		
Juillet.........	Du 1er au 10.	22 2	22 6	31 1	31 4	27 0
	Du 10 au 20.	22 8		32 2		
	Du 20 au 31.	22 7		30 7		
Août...........	Du 1er au 10.	21 7	22 3	30 1	30 2	26 3
	Du 10 au 20.	21 9		29 8		
	Du 20 au 31.	23 3		30 7		
Septembre.....	Du 1er au 10.	23 3	22 4	31 1	30 7	26 6
	Du 10 au 20.	22 1		30 3		
	Du 20 au 30.	22 0		30 8		

DE NOVEMBRE 1880 à NOVEMBRE 1881.		Six heures et demie du matin.	MOYENNE de six heures et demie du matin.	Midi et demi.	MOYENNE de midi et demi.	MOYENNE du mois.
Octobre	Du 1er au 10.	22°4	22°5	30°8	30°5	26°5
	Du 10 au 20.	22 5		30.3		
	Du 20 au 31.	22 6		30 4		

MOYENNES GÉNÉRALES DE L'ANNÉE :

Six heures et demie du matin.	Midi et demi.	Moyenne générale.
23°0	30°3	26°6

De novembre 1880 à novembre 1881, il est tombé, à Sarrawak, 4m,55 de pluie.

Température de Bintulu, de novembre 1880 à juin 1881.

DE NOVEMBRE 1880 à JUIN 1881.		Six heures et demie du matin.	MOYENNE de six heures et demie du matin.	Midi et demi.	MOYENNE de midi et demi.	MOYENNE du mois.
Novembre 1880.	Du 1er au 10.	23°1	23°2	27°8	28°1	25 6
	Du 10 au 20.	23 6		28 3		
	Du 20 au 30.	23 0		28 1		
Décembre	Du 1er au 10.	22 6	22 8	27 6	27 4	25 0
	Du 10 au 20.	23 2		27 4		
	Du 20 au 31.	22 6		27 2		
Janvier 1881	Du 1er au 10.	22 9	23 2	26 9	27 3	25 3
	Du 10 au 20.	23 3		27 7		
	Du 20 au 31.	23 5		27 4		
Février	Du 1er au 10.	24 8	24 9	29 0	27 9	26 4
	Du 10 au 20.	25 1		28 7		
	Du 20 au 28.	24 9		26 2		
Mars	Du 1er au 10.	25 6	25 3	29 3	28 8	27 0
	Du 10 au 20.	25 6		28 9		
	Du 20 au 31.	25 7		28 2		
Avril	Du 1er au 10.	24 2	24 1	29 8	29 8	27 0
	Du 10 au 20.	23 3		29 4		
	Du 20 au 30.	24 9		30 2		
Mai	Du 1er au 10.	24 8	25 3	29 5	30 0	27 7
	Du 10 au 20.	25 1		30 6		
	Du 20 au 31.	26 1		31 6		
Juin	Du 1er au 10.	25 9	25 5	30 7	30 5	28 0
	Du 10 au 20.	24 8		30 4		
	Du 20 au 30.	25 8		30 4		

MOYENNES GÉNÉRALES DES HUIT MOIS :

Six heures et demie.	Midi et demi.	Moyenne générale.
23°4	28°7	26°5

Dans l'année 1880, il est tombé, à Bintulu, 2m,46 de pluie.

Quelques maladies sont plus spécialement répandues dans la principauté de Sarrawak.

Ce sont :

La scrofule qui, cependant, n'est pas aussi fréquente que chez beaucoup d'autres peuplades sauvages.

La phthisie, qui frappe surtout les enfants.

L'ophthalmie atteint des tribus entières, surtout au mois de septembre et d'octobre, époque du sarclage du blé. Prise au début, elle est très facilement curable par les moyens ordinaires; mais si on tarde à la traiter, elle amène rapidement la cécité.

L'éléphantiasis se montre sur les côtes et dans les régions basses.

La malaria est très commune, mais bénigne.

Du reste on peut juger de l'état sanitaire par la statistique suivante, que nous devons à l'obligeance du Dr Houghton, et que nous traduisons littéralement.

Malades traités à l'hôpital et à l'infirmerie de Sarrawak, de juillet à décembre 1880 :

Maladies générales	Fièvre typhoïde	1
	Fièvre continue simple	231
	Varicelle	3
	Fièvre intermittente	104
	Rhumatisme	80
	Syphilis primaire	31
	Scrofule	8
	Maladies de la rate	2
Maladies du système nerveux et des organes de sens spéciaux	Paralysies	1
	Névralgies	3
	Ophthalmie	20
	Maladies du nez	1
	Maladies de l'oreille	5
Maladies du système circulatoire	Anasarque	9
	Maladies organiques du cœur	4
	Anévrysme	20
	Anémie et leucocythémie	17
Maladies du système lymphatique	Parotidites	11
	Bubons	2
	Éléphantiasis	4
Maladies du système digestif	Dyspepsie	168
	Dysenterie	90
	Diarrhée	157
	Coliques et constipation	36
	Hernies	7
	Vers	153

Maladies du système circulatoire	Catarrhes	58
	Bronchites	77
	Asthme	22
	Hémoptysies	6
Maladies du système urinaire	Hématuries	1
	Gonorrhée	30
Maladies des organes de la locomotion	Maladies des os	11
	Lumbago	19
	Maladies des articulations	37
Maladies du tissu adipeux et de la peau	Herpès	2
	Phlegmon et abcès	156
	Ulcères	246
	Ichthyose	47
	Eczéma	63
	Gale	113
Maladies non classées	Débilité	61
	Delirium tremens	1
Blessures	Blessures	232
	Fractures	3
	Luxations	1
	Entorses	13
	Contusions	9
	Brûlures	27
	TOTAL	2,473

Le nombre des malades traités en six mois est très élevé, mais on ne trouve que peu d'affections sérieuses; nous manquons malheureusement de documents établissant la mortalité pendant la même période; nous pouvons néanmoins affirmer, après le Dr Houghton, qu'elle est très faible dans le territoire de Sarrawak.

Productions. — Les productions sont très variées; les trois règnes, minéral, végétal et animal, sont largement mis à contribution.

Règne minéral. — Les principaux produits minéraux sont : le charbon, l'antimoine, l'or, l'argent, le platine, le diamant, le mercure, le fer, le cuivre, le plomb.

Le charbon est exploité dans une mine située près de la rivière Simungong, petit affluent du Sadong, à l'est de Sarrawak; il sert surtout à alimenter cette ville. Néanmoins, en 1880, son exportation a rapporté 1670 piastres et dans les six premiers mois de l'année 1881, elle en a rapporté 2,120; on le vend 35 francs la tonne rendue à bord.

L'antimoine est exporté en pyrites; il y a quelques années, une usine en séparait les sulfures.

De 1859 à 1879, on en a chargé 25,000 tonnes d'une valeur de plus d'un million de dollars.

En 1880, l'exportation a rapporté 72,516 dollars et 39,615 dollars dans le premier trimestre de 1881.

Le mercure a rapporté 717,500 dollars de 1870 à 1879, et 35,440 dollars dans le premier semestre de 1881.

Les autres produits sont moins importants; l'or, cependant, donnait 11,762 dollars en 1880; l'acier du pays est également renommé et sert à la fabrication des célèbres kriss malais.

. . . .

Règne végétal. — Les productions végétales sont : le sagou, l'huile de coco, la gutta-percha, le poivre, le riz, le rotin, le tapioca, différentes espèces de gommes, le bois de fer, le bambou; on y trouve aussi l'antiaris toxica, dont les indigènes retirent le poison de leurs flèches, le strychnos tiente.

Les principaux fruits que l'on rencontre à l'état sauvage sont : le durian, le mangoustan, l'oranger, le nangka, le pisang.

Le palmier qui fournit le sagou est plus épais et plus fort que le cocotier, mais rarement aussi haut. Les Dayacks profitent du moment où il va fleurir pour en retirer le sagou. Ils le coupent au ras de terre, et, après l'avoir dépouillé de ses feuilles, en enlèvent une large bande verticale qui laisse à découvert une moelle, brune au pied de l'arbre et d'une blancheur éclatante sur tout le reste de sa longueur. Cette moelle est broyée dans le tronc même au moyen d'un instrument spécial, sorte de massue faite d'un bois très lourd et armée à son extrémité d'un gros morceau de quartz. Peu à peu elle se détache du tronc qui, bientôt, n'est plus qu'une simple écorce, épaisse d'un pouce et demi.

On la dépose alors dans un sagoutier creusé et disposé en plan incliné au bord d'un ruisseau voisin; une simple irrigation continue suffit à séparer l'amidon des fibres ligneuses.

L'eau chargée de sagou tombe dans une auge où l'amidon vient former un dépôt légèrement teinté en rouge. Ce dépôt est recueilli dans un cylindre d'une contenance de trente litres environ, soigneusement recouvert de feuilles de sagou et vendu sous le nom de sagou brut.

Ce sagou brut est travaillé dans la principauté par quatre usines, dont une marche à la vapeur; elles en font la farine de sagou.

L'exportation des produits végétaux a rapporté, en 1880 et dans les six premiers mois de 1881, les valeurs suivantes :

	1880.	1881.
	dollars.	dollars.
Sagou brut	10,068	5,116
Sagou en farine	343,184	122,450
Camphre	4,638	3,470
Huile de coco	3,684	1,306
Gutta-percha	244,855	90,215
Poivre	3,850	6,993
Riz	69,862	19,664
Rotin	29,183	59,399
Canne à sucre	2,617	4,165
Tabac	40,057	19,870

Règne animal. — Parmi les produits animaux, on rencontre au premier rang les nids d'hirondelle et la cire d'abeille. Les nids d'hirondelle sont surtout exportés en Chine, où ils font les délices des fils du Ciel; du reste, plus d'un gourmet parisien s'accommoderait fort bien d'un potage aux nids de salangane.

L'exportation a produit, en 1880, 12,838 dollars, et dans les six premiers mois de l'année 1881, 14,241 dollars.

La cire d'abeille a rapporté dans les mêmes périodes 6,758 dollars et 7,355 dollars.

Le poisson frais ou salé, le trépang, la tortue, se trouvent tous les jours sur les marchés publics; on pêche également quelques huîtres perlières.

Commerce. — Le commerce a pris une extension considérable que le tableau ci-dessous permettra de suivre :

ANNÉES.	EXPORTATION.	IMPORTATION.	TOTAL.
	dollars	dollars	dollars
1854	»	»	671,000
1865	528,222	572,950	1,101,172
1871	1,427,923	1,268,337	2,696,260
1876	»	»	2,760,000
1877	»	»	2,850,000
1879	1,980,290	1,938,964	3,919,254
1880	1,880,444	1,854,257	3,734,701
1881 (1er semestre)	839,220	772,912	1,612,132

Le commerce se fait principalement avec Singapour, Labouan, Hong-Kong, la Chine, Manille, Saïgon et quelques îles de la Malaisie. Un petit bateau à vapeur de 300 tonnes, le *Rajah-Brooke*, fait deux voyages par mois à Singapour; il est suppléé dans les mois heureux de la mousson de S.-O. par un autre bateau de 500 tonnes, le *Ranee*.

Les principaux objets d'importation sont : le riz, le vin, le thé, la poudre, les allumettes et l'opium.

Les objets d'exportation sont naturellement les produits du pays cités plus haut.

Revenus et dépenses. — Voici le tableau comparatif des revenus et des dépenses de la principauté :

ANNÉES.	REVENUS.	DÉPENSES.
	dollars.	dollars.
1871	157,501	150,000
1879	229,302	191,629
1880	229,718	203,583
1881 (1er semestre)	123,148	103,818

Les revenus sont dus :

A la ferme d'opium, qui a rapporté	60,000	en 1879.
	60,000	en 1880.
A la ferme des jeux	19,231	en 1879.
	19,314	en 1880.
Aux droits de douanes qui ont donné	47,241	en 1879.
	50,427	en 1880.
Aux impôts personnels	26,276	en 1879.
	27,318	en 1880.

aux mines de charbon, aux droits de timbre et de poste, à la terre. Cette dernière rapporte très peu; en 1880, on n'en a vendu que pour la modique somme de 817 dollars et la rente de celle qui avait été vendue antérieurement n'a été que de 188 dollars.

Les Malais payent deux dollars par an et par homme valide; les Dayacks de mer sont imposés d'un dollar et ceux de terre de trois dollars par famille.

Les sources des dépenses sont :

	dollars.	
Les travaux publics	18,747	en 1879.
	20,665	en 1880.
L'armée	23,130	en 1879.
	26,697	en 1880.

	dollars.
La marine	19,211 en 1879. 27,839 en 1880.
Les dépenses du rajah	20,149 en 1879. 26,006 en 1880.
La justice	22,907 en 1879. 22,283 en 1880.

Puis viennent l'hôpital, la poste, la solde des officiers, les pensions et le culte.

Armée. — L'armée du rajah se composait, en 1877, de 180 soldats dayacks, malais et indiens; en 1880, elle était forte de 250 hommes, armés de fusils Remington, et sachant parfaitement manœuvrer les quatorze canons et les vingt pierriers qui défendent le fort.

Marine. — Elle est formée de trois bateaux de guerre destinés surtout à maintenir les pirates en respect, de deux bateaux de commerce, le *Rajah-Brooke* et le *Ranee*, et de deux ou trois petits yachts.

Culte. — Le culte est le culte catholique représenté par un évêque, qui est en même temps évêque de Labouan, et par six ou sept missionnaires. Mais le nombre des convertis est fort restreint; le Malais est musulman, et le musulman ne renonce pas aisément à la loi du prophète; les Dayacks seuls renient parfois les dieux de leurs pères.

Gouvernement. — Le rajah Brooke est souverain absolu; il a peu à peu secoué le joug du sultan de Bruni. Il délègue ses pouvoirs à une dizaine d'Anglais qui s'occupent des affaires de l'intérieur, de la justice, de l'armée, de la marine, des travaux publics, des postes, du culte, du commerce; ce sont les ministres du rajah de Sarrawak.

Quelques chefs indigènes sont admis dans le conseil présidé par le rajah lui-même; l'un d'eux est assis à côté de lui quand il rend la justice; ils peuvent entrer dans les différentes administrations et acquérir des grades dans l'armée.

De la monnaie de cuivre est frappée à l'effigie du rajah. Sir James a émis, en 1863, trois sortes de monnaie valant un cent, un demi-cent et un quart de cent.

A l'endroit, on voit son effigie; à l'envers on lit : *Sarrawak one cent;* elles ont été frappées chez Buchanan, Hamilton et Cie, à Glascow.

Le deuxième rajah, sir Charles Brooke, né en 1839 et qui succéda à son oncle en 1868, a fait frapper en 1870, chez *Smith and Wrigth*, à Birmingham, des monnaies d'un cent et d'un quart de cent et, en 1879, des monnaies d'un demi-cent.

Des timbres-poste sont également émis à son effigie; mais ils n'ont cours que dans la principauté de Sarrawak, qui n'est pas encore comprise dans l'union postale générale.

Le territoire est divisé en trois résidences dont les villes principales sont Sarrawak, Bintulu et Sarebas. Un premier magistrat, appelé Résident, y représente le pouvoir; il centralise les différents services et en rend compte au rajah.

Sir Charles n'a pas laissé tomber l'œuvre de son oncle: sa devise « Dum spiro, spero » nous donne le ferme espoir qu'il laissera à son fils, né en 1864, un État florissant.

Quel est l'avenir de cette principauté?

Restera-t-elle indépendante, ou se donnera-t-elle à l'Angleterre?

L'étude de Labouan, du royaume de Bruni et de la North-Bornéo Company nous permettra de répondre à cette question.

II.

LABOUAN.

Le 2 décembre, nous quittions Sarrawak, pleins d'admiration pour l'œuvre si rapidement menée à bonne fin par l'énergie et l'intelligence des deux Brooke.

Deux jours d'heureuse traversée nous menèrent à Labouan, où nous mouillions dans le port principal, port Victoria.

L'île de Labouan, la principale du groupe de ce nom, est située par 5° 15 de latitude nord et 115° 15 de longitude est; sa plus grande longueur du S.-O. au N.-E. est de 18 kilomètres; sa largeur maxima du S.-E. au N.-O. comprend 9 kilomètres et sa superficie est de 80 kilomètres carrés. Elle défend l'entrée de la rivière de Bruni dont elle est distante d'environ 30 milles; le point le plus rapproché de la côte en est à 5 milles environ.

On y trouve deux ports, le port Victoria, au Sud, et le port ou plutôt le mouillage Raffles au N.-E.; ce dernier, à peu près abandonné, servait de mouillage aux bateaux qui venaient s'approvisionner de charbon quand les mines prospéraient.

Port-Victoria est la capitale de l'île; elle est bâtie sur une plage sablonneuse de 500 mètres. Trois rues parallèles coupées par quatre rues transversales et habitées par des Chinois, des Malais et quelques Indiens forment tout le quartier commerçant et industriel. La plupart des maisons sont bâties en bois et reposent directement sur le sol; quelques-unes sont en bambou et élevées sur pilotis; ces dernières sont habitées par des Malais.

Une construction européenne, en pierre, située à droite des cases malaises, contient le bureau de poste, le bureau de police, la douane et la capitainerie du port.

Au milieu et autour du village, quelques mares infectes étalent leurs eaux stagnantes.

Deux ou trois appontements en bois servent de débarcadère aux rares bateaux marchands qui y viennent commercer.

L'habitation du consul général d'Angleterre, gouverneur de Labouan, est située à l'intérieur de l'île; elle est entourée des demeures des résidents Anglais : c'est là qu'on trouve encore le club, le lawn-tennis et le cricket-ground traditionnels.

L'île est basse et marécageuse dans le Sud; au Nord elle est montagneuse et assez bien boisée; de ces montagnes coule un ruisseau qui fournit à port Victoria une eau excellente.

Labouan appartient aux Anglais depuis 1846. Au mois de décembre de cette année, lord Palmerston envoya à Sarrawak le bateau de guerre *Iris*, capitaine Rodney Mundy, avec ordre de prendre possession de cette île, après avoir pris conseil de sir James Brooke.

Déjà en 1844, le sultan de Bruni avait fait dire à l'Angleterre qu'il lui céderait volontiers Labouan et les îlots adjacents, à certaines conditions et moyennant une somme que l'on fixerait au moment de la cession.

Dans la lettre que lord Palmerston écrivit au rajah Brooke, nulle mention n'était faite de ces conditions; il disait simplement de s'emparer de l'île, comme s'il eût suffi d'y débarquer, et de planter le pavillon anglais, pour s'en rendre maître.

Le rajah objecta, avec juste raison, que les Pangerans (chefs de

Bornéo), s'opposeraient certainement à une cession de ce genre, à supposer même que le sultan y consentît.

Il était cependant impossible de prendre conseil du cabinet de Londres, à cause de la difficulté des communications.

Le capitaine Rodney Mundy ne possédait pas les pouvoirs nécessaires pour régler la question, et il pouvait se faire que des événements ultérieurs vinssent changer les dispositions du sultan. Il se décida donc à partir pour Bruni, résolu à intimider Amar-Ali. Il prit prétexte de la guerre qu'avaient faite l'amiral Keppel et le rajah Brooke aux pirates, et il réclama Labouan pour récompense de la suppression de la piraterie et de la protection accordée au commerce sur les côtes de Bornéo. Une longue discussion s'engagea; les pangerans demandèrent un dédommagement à l'Angleterre, ils voulaient de l'argent en échange de Labouan. Mais Mundy sut gagner la confiance du sultan et obtint qu'il imposât sa volonté aux chefs.

Aussi, le 24 décembre 1846, l'*Iris* prenait, au nom de l'Angleterre, possession de Labouan et des îlots voisins.

A cette époque, l'île était absolument inhabitée et inculte; le seul motif qui l'avait fait prendre, était sa position qui lui permet de surveiller toute la baie de Bornéo. Le sultan ne peut désormais rien tenter que l'Angleterre n'en soit immédiatement instruite.

Pendant la première année, on s'occupa exclusivement de chercher des immigrants; en 1848, le premier établissement fut fondé, et le rajah Brooke en fut nommé gouverneur. On créa, pour l'aider, un conseil composé de trois membres choisis parmi les principaux habitants; un tribunal maritime fut institué.

Ce qui attira d'abord l'attention, fut un gisement de charbon situé au nord de l'île; ce charbon était de très bonne qualité et l'on espéra en tirer de sérieux bénéfices. Malheureusement les eaux de la mer, en s'infiltrant dans le sol, vinrent bientôt inonder les puits.

Trois compagnies successives les ont exploités, et se sont, tour à tour, vues forcées de cesser les travaux.

En 1881, la Compagnie orientale écossaise dont le siège est à Leith, payait 25,000 francs par an au gouvernement anglais pour leur exploitation. Sept Européens et trois cents Malais y travaillaient et suffisaient à peine à entretenir de charbon les bateaux à vapeur qui fréquentaient Labouan. On avait songé à construire un chemin de fer qui réunirait les mines à Port-Victoria; mais les mécomptes dus aux inondations souterraines ont fait abandonner ce projet.

Population. — La population était, d'après un recensement fait en 1877, de 4,909 habitants, soit 9 Européens, tous Anglais, 600 Chinois et 4,300 Malais. Elle n'a guère crû depuis cette époque et atteignait à peine 6,000 habitants à la fin de 1881.

Climat. — Le climat est à peu près le même que celui de Sarrawak; la brise de mer vient rafraîchir les nuits qui sont moins chaudes.

L'état sanitaire est très bon; à peine quelques cas de fièvre intermittente due aux marais de l'île; l'hépatite y est à peu près inconnue.

Chez les Malais et les Chinois, on trouve quelques maladies de peau dues à la malpropreté.

Nous avons observé un cas d'éléphantiasis de la jambe et un cas de lèpre.

Productions. — Les productions de l'île sont de peu d'importance: le charbon et le sagou occupent la première place. Trois usines travaillent ce dernier avant de le livrer au commerce.

A la suite de ces produits, viennent différentes gommes, la cire d'abeille, le camphre, la gutta-percha, les écailles de tortue. Les principales essences sont les palmiers, cocotiers et bananiers, le poirier et un arbre de la famille des Bignoniacées, qui est très recherché pour les constructions navales.

Parmi les animaux à l'état sauvage, on remarque le serpent, le singe et le chat; les animaux domestiques sont le porc, le canard, le poulet, le bœuf.

Commerce. — Le commerce se fait principalement avec Singapour. En 1881, le *Cleator*, bateau à vapeur de 400 tonnes, faisait un service mensuel régulier entre Labouan, Bruni et Singapour; il était chargé des correspondances.

Un autre petit steamer, le *Far East*, faisait un service bi-mensuel entre Sarrawak, Labouan, Sandakan et les îles Soulou.

Chaque mois, deux ou trois voiliers viennent de Hong-Kong avec des produits chinois.

En 1880, les différents navires entrés dans le port jaugeaient ensemble 11,350 tonnes (jauge anglaise).

Voici un tableau des exportations et des importations pendant plusieurs anuées :

ANNÉES.	EXPORTATION.	IMPORTATION.	TOTAL.
	dollars.	dollars.	dollars.
1862	»	215,720	»
1863	»	315,325	»
1864	»	520,950	»
1868	500,000	600,000	1,100,000
1872	674,920	645,990	1,320,910
1876	564,980	630,000	1,194,980
1880	824,365	836,820	1,661,185

Les principaux objets d'importation sont : l'opium qui suit le Chinois partout où il émigre, les spiritueux, le tabac, le riz, des poulets, des porcs, des moutons.

Revenus et dépenses. — Depuis 1870, la colonie se suffit à elle-même; jusqu'à cette époque, elle recevait de la métropole une subvention annuelle de 30 à 40,000 francs.

En 1877, les recettes montaient à	47,125	dollars	Différence, 9,235.
— les dépenses........	37,890	—	
En 1879, les recettes	37,705	—	Différence, 910.
— les dépenses........	36,795	—	

Les principales sources de revenus sont : la ferme d'opium, la ferme des jeux, le tabac, les spiritueux et le poisson. Ce dernier est très abondant et très bon; mais il faut se défier de la fausse carangue, poisson vénéneux très répandu dans ces mers.

Gouvernement. — L'île est gouvernée par le consul général d'Angleterre, accrédité près du sultan de Bornéo; il porte le titre de gouverneur de Labouan.

Il est assisté du conseil qui fut institué dès la première année.

Le personnel européen qui l'aide dans l'administration est composé : d'un secrétaire général, d'un chef de la police, d'un chef du cadastre, du trésorier, du capitaine du port et du greffier. Un médecin et un pharmacien dirigent un modeste hôpital.

Depuis 1871, on a retiré la garnison militaire; soixante-cinq Malais sont chargés de la police.

Labouan, on le voit, a bien peu d'importance; son commerce et son industrie sont très restreints. C'est plutôt un point militaire où les bateaux anglais trouveraient, entre Singapour et Hong-Kong, un assez bon port de refuge et de ravitaillement, s'ils avaient à défendre leurs colonies de l'Extrême-Orient.

III.

ROYAUME DE BRUNI.

Bruni, Brunéi ou Bornéo, capitale du royaume de ce nom, est situé sur la rivière Bruni, dont l'embouchure se trouve en face de Labouan. Cette ville fut autrefois le centre florissant d'un puissant empire, à en croire ce que nous rapportent les annales chinoises et les récits des voyageurs portugais, hollandais et anglais.

Un ancien consul d'Angleterre à Hong-Kong, M. Grœveneldt, dit que la première mention faite de Bornéo dans les annales chinoises, se trouve dans l'histoire de la Dynastie des Tang (618-906 après J.-C.) où l'on parle de Polo ou Pola, nom que donnent encore les géographes chinois à cette île.

On y lit que le roi de Bornéo envoya des présents à l'empereur de Chine, en l'an 609 après J.-C.; ces présents consistaient en produits du pays, et étaient accompagnés d'une tablette en or massif sur laquelle il avait fait graver l'assurance de ses respects au souverain de Pékin.

Des relations amicales étaient établies entre les deux pays; le royaume de Bornéo était en quelque sorte tributaire de la Chine.

En 1292, Kubilaï-Khan envoya quelques-unes de ses jonques à Bruni; des colons chinois s'établirent sur les côtes nord et sud de l'île. Ils prirent même, à une époque qu'on n'a pu déterminer, le gouvernement du pays, et le sultan actuel, Abdul-Mumeim, parle volontiers de ses ancêtres, les sultans chinois; on montre, dans la capitale, le lieu de leur sépulture.

D'après le livre 325 de l'histoire de la Dynastie des Ming, l'empereur de Chine ordonna en 1375 que les montagnes de Bornéo seraient appelées « les montagnes de la Tranquillité éternelle, protectrices du pays »; il écrivit cette inscription sur une pierre, qu'il commanda au sultan Chang-Chien de placer au sommet du mont le plus élevé.

C'est sans doute l'origine du nom de « Dar-ou-Salam » ou séjour de la Tranquillité, que donne à son pays le sultan actuel.

Dans le Tung-Shi-Yang-Kau, livre V, on parle en ces termes d'une ambassade qu'un roi de Bornéo envoya au XVe siècle à la cour de Chine : « En l'an 1406, le sultan de Bruni envoya son ministre à l'empereur de Pékin, avec un tribut composé des produits du pays. Ce souverain reconnaissant le remercia en envoyant à sa femme de la soie brodée. »

Le livre 325 de l'histoire des Ming parle encore d'un roi Paduka-Pahala qui régnait sur la partie orientale de Bornéo, tandis que la partie occidentale, où se trouvent les monts Kalabating, était soumise au roi Ma-ha-la-chih; ces deux souverains visitèrent la Chine en 1417 avec une suite de trois cent quarante personnes.

Le roi oriental mourut à l'hôtel du gouvernement de Té-Chou, sur le grand canal, au nord de la province de Shan-tung. L'empereur lui fit faire des sacrifices et des funérailles splendides, et lui donna un titre posthume. Sa femme et ses concubines restèrent avec dix-huit suivants pour prendre soin de son tombeau, et ce ne fut qu'au bout de trois ans de deuil qu'elles retournèrent dans leur pays. L'empereur leur donna des présents et une lettre pour le fils aîné du roi défunt, Tu-ma-hang, probablement Tumangong. Voici ce que disait cette lettre : « Votre père a su honorer l'empire du Milieu; il n'a pas craint de traverser dix mille lis de mer pour venir rendre visite à son souverain, avec sa famille et ses officiers. J'ai apprécié sa sincérité et je l'ai sacré roi. Mais il devint malade à Té-chou et mourut; je lui ai fait faire des funérailles et des sacrifices, selon les rites prescrits. Comme vous êtes le fils aîné de sa première femme, le peuple de votre pays vous appartient; il est juste que vous lui succédiez. Rendez vos sujets heureux. »

En 1420, le roi occidental envoie des présents à l'empereur de Chine.

En 1530, un fonctionnaire de la cour de Pékin adresse un mémoire au trône, au sujet du roi de Bornéo, qui ne payait plus l'impôt. Dans ce mémoire, il est dit : « Durant la période Cheng-té (1506-1621), les Portugais ont violemment imposé leur volonté à Bornéo; dès lors le tribut n'a plus été payé, et le prestige de l'empire en a beaucoup souffert. »

Au temps de Wan-li (1573-1619), une guerre civile éclate à Bornéo, pendant laquelle un homme de Chang-chou et de la famille des Chang se fait nommer datou (chef de tribu).

Quand les Hollandais viennent à Bornéo, ils se trouvent d'abord en relations avec les Chinois, et c'est par leur entremise qu'Olivier Van Noort, communique en 1600 avec Bruni.

Dans le rapport adressé en 1812 à sir Stamford Raffles par sir J. Hunt, il est dit que lorsque les Portugais vinrent à Bornéo en 1520, l'île entière était dans un état prospère. Le nombre des Chinois établis sur les côtes était immense; les produits de leur industrie, le commerce considérable qu'ils faisaient avec la Chine donnaient au pays un aspect tout différent de l'apparence misérable qu'il présentait en 1812, et les princes étalaient dans leurs cours une splendeur et une magnificence depuis longtemps disparues.

Pigafetta, qui accompagnait Magellan, estime à 25,000 le nombre des maisons de Bruni; la population chinoise, tant en ville qu'aux environs, était de 30,000 âmes.

M. Jesse, dans un rapport adressé à la Compagnie des Indes orientales, en 1775, nous décrit l'activité commerciale et industrielle de Bornéo. Il a vu construire à Bruni une jonque de 580 tonnes qui, commencée dans les premiers jours de mars, était lancée à la fin de mai; elle valait, avec tous ses agrès, 4,250 piastres.

Dès 1809, on ne compte plus que 3,000 maisons et 6,000 Chinois à Bruni; les jonques chinoises n'y viennent plus; le commerce et l'industrie sont tombés très bas.

A quoi est due cette chute subite?

Tous ceux qui ont étudié la question, et entre autres, J. Hunt et Spencer Saint-John l'attribuent à une dérivation du commerce qui, au lieu de se faire directement avec la Chine, se fit avec l'Europe. « A mesure, disent-ils, que le commerce de l'Europe avec la Chine grandissait, celui de la Chine avec Bornéo diminuait. Les Portugais d'abord, puis les Hollandais, étant maîtres des mers de l'Extrême-Orient, forçaient les Malais à leur livrer à bas prix leurs produits qu'ils vendaient ensuite aux Chinois. Ils allèrent même plus loin; ils s'établirent dans le pays, gardèrent les côtes, forçant les commerçants de Bornéo à envoyer à Malacca ou à Batavia les marchandises qu'ils destinaient à la Chine, et empêchant ainsi toute relation avec ce dernier pays. Ce voyage à Malacca ou à Batavia coûtait le double du voyage en Chine; aussi, peu à peu, tout commerce s'arrêta, l'industrie tomba rapidement, les Chinois n'émigrèrent plus à Bornéo. Les Rajahs, voyant leurs revenus réduits, tournèrent leurs vues du côté de la mer, et, négligeant l'agriculture, ils se firent pirates. »

Jusqu'en 1840, Bruni fut leur repaire; toutes les mers comprises entre Singapour, Hong-Kong, les îles Philippines et Bornéo eurent à subir continuellement leurs déprédations.

Avec l'aide de l'amiral Keppel, le rajah James Brooke réussit à détruire les bandes qui infestaient les côtes orientales de Bornéo et à rendre à ce pays un peu de tranquillité.

Actuellement, le royaume de Bruni est réduit à une petite étendue de terrain; de toute cette grande île, la seconde en superficie du globe, il ne reste au sultan qu'un petit coin qui s'étend du cap Kidoron à la rivière Kimanis; son plus grand diamètre correspond aux côtes, qui ont 250 milles d'étendue; sa superficie est d'environ 10,000 kilomètres carrés.

Quelques rivières apportent les produits de l'intérieur aux jonques qui, maintenant, peuvent se risquer sur des mers plus hospitalières: ce sont les rivières Nyalow, Soi, Neah, Sohuti, Barram, Limbong, Sundar et Membakut.

Le pays est très accidenté; dans l'intérieur, on remarque quelques montagnes assez élevées; les monts Silungen et Lambir, hauts de 500 mètres, et le mont Mulu, qui en mesure 3,000.

Les produits sont les mêmes que ceux de Sarrawak; il nous a été impossible de trouver aucun document donnant une idée du commerce.

La capitale est complètement déchue de sa magnificence; à peine compte-t-elle quatre ou cinq cents maisons bâties sur pilotis, aux deux bords de la rivière. Les rues sont formées par les eaux coulant entre ces misérables cases, qui communiquent au moyen de pirogues. Le marché se tient sur ces embarcations; quelques-unes, les plus grandes, appartiennent à quelques rares Chinois, qui ont accaparé le monopole du commerce.

Le palais du roi, le sultan Abdul-Mumeim, n'est pas différent des autres maisons; on y accède par une échelle en bambou. Le commandant du *Kersaint*, accompagné du médecin-major, alla lui rendre visite. Ils furent reçus dans la grande salle des cérémonies; à travers le plancher construit en bambou, on voyait couler l'eau de la rivière. Tout y était misérable; pour tout luxe, quelques étoffes anglaises. Une glace dont le tain avait disparu par places, ornait la salle de réception.

Au milieu de cette misère, le vieux sultan conservait une dignité toute musulmane; ses quatre-vingt-quinze ans avaient à peine voûté son dos. Ses gardes, armés de lances, de flèches, ou de mauvais fusils, se tenaient debout dans le plus profond respect.

Un interprète présenta les officiers français au sultan Abdul-Mumeïm, qui les remercia de l'honneur qu'ils lui faisaient et les assura de ses sentiments d'amitié pour la France; puis, pour leur montrer sans doute qu'il n'était pas étranger aux choses de la civilisation, il leur fit servir du café au lait dans une petite tasse européenne. Un couvert signé Ruolz vint compléter la désillusion de ceux qui s'attendaient à trouver à la cour du sultan le souvenir des fiers rajahs de Bornéo.

Un sérail, composé de quatre cents femmes, est au service de ce vieillard : c'est le seul reste de la grandeur des premiers sultans.

Une chaloupe à vapeur, en mauvais état, reconduisit à bord les hôtes d'Abdul-Mumeim ; il fallut, avant de la renvoyer, réparer une des chaudières, qui menaçait de sauter.

Le 9 décembre, nous quittions Bruni et Labouan, pour aller visiter, dans la baie de Sandakan, la petite ville d'Elopoura, siège principal de la North Borneo Company. Nous allions voir à l'œuvre les vrais pionniers de la civilisation, travaillant à rendre à Bornéo sa splendeur perdue.

IV.

NORTH BORNÉO COMPANY.

Les véritables fondateurs de la North Borneo Company ont été le baron Overbeck, ancien consul d'Autriche à Hong-kong, et M. Alfred Dent, de la maison Dent and C°, de Londres.

En 1865, une compagnie américaine s'était formée au nord de Bornéo, sous les auspices du consul des États-Unis à Bruni. Ce consul avait obtenu du sultan et du pangeran de Tumongang une cession de terrain comprenant le territoire de la Compagnie actuelle, et en avait fixé le siège sur la rivière Kimanis. Cette compagnie, appelée « American trading Company of Borneo », était composée presque entièrement d'Américains. Quelques Chinois, commerçants de Hong-kong, et M. Torrey, alors négociant dans la même ville, puis vice-consul des États-Unis à Bangkok, y furent également admis. Mais les capitaux manquèrent bientôt et l'entreprise tomba rapidement. C'est alors que le baron Overbeck, qui avait pu apprécier les richesses de Bornéo dans un voyage qu'il y avait fait, entra en pourparlers avec M. Torrey, président de la Compagnie, et lui demanda de lui céder tous les droits de cette association, avec l'autorisation d'user de son nom de Compagnie américaine.

En mai 1875, ils vinrent à Bruni et se mirent en relations avec le sultan et les principaux chefs.

En 1876, Alfred Dent, qui avait tourné ses vues sur Bornéo, fit part au baron Overbeck de son intention d'y établir une compagnie commerciale et agricole.

En 1877, Overbeck, Dent et Torrey retournent à Bornéo et, le 29 décembre de cette année, ils obtiennent du sultan la concession du territoire qui forme aujourd'hui la Compagnie anglaise.

Dès ce moment, la Compagnie américaine avait cessé de vivre, même nominalement.

Trois chartes cédaient à Overbeck, Dent et Torrey, ainsi qu'à leurs associés et successeurs, certains districts situés sur la côte Nord, Nord-Est et Nord-Ouest, y compris les îles qui en dépendaient. Le sultan se réservait le droit de contrôle et de gouvernement, si les redevances convenues n'étaient pas payées pendant trois années consécutives.

A ces chartes était ajouté un appendice indiquant les pouvoirs et privilèges accordés à la Compagnie.

Le même jour, le pangeran de Tumongang, l'héritier présomptif du sultan, cédait les provinces de Kimanis et de Benoni sur la côte Nord-Ouest, avec les îles dépendantes.

Le 22 janvier 1878, Dent obtenait encore du sultan de Soulou, moyennant une rente annuelle de 5,000 francs, la cession du territoire de Sandakan, sur lequel il prétendait avoir des droits. Ce territoire était bien compris dans la charte du sultan de Bruni, qui s'en disait le seul maître, mais la prudence commandait cette double négociation.

Chacun des sultans fit connaître à ses sujets les cessions qu'il venait de faire; Dent, accompagné d'un chef, visita les six villages principaux et fut partout reçu avec les plus grandes manifestations d'amitié.

A la fin de l'année, le 2 décembre, Dent envoya au ministre des affaires étrangères d'Angleterre le résultat de ses négociations, avec une description du pays, lui demandant une charte d'incorporation pour la nouvelle colonie. En échange de cette charte, qui établirait la juridiction anglaise sur tout le territoire et accorderait à la compagnie la protection des autorités consulaires, navales et coloniales, M. Dent soumettait la colonie aux conditions suivantes :

1° Son caractère serait anglais ;

2° Elle ne donnerait son territoire ou ses pouvoirs à personne sans l'autorisation du gouvernement britannique ;

3° Tout différent qui s'élèverait entre la Compagnie et les sultans serait soumis à la décision de la cour de Londres ;

4° La Compagnie ne retiendrait ou ne donnerait, à qui que ce soit, le monopole général du commerce ;

5° La nomination du directeur et du chef de la justice serait faite par Sa Majesté ;

6° Les vaisseaux anglais auraient toutes les facilités pour entrer dans les ports de la Compagnie.

En décembre 1880, le Gouvernement informa M. Dent qu'après un examen sérieux, il était prêt à demander la charte d'incorporation à la reine.

Fort de l'appui du ministre, M. Dent fonda sous le nom de « British North Borneo provisional association limited », une compagnie provisoire destinée à commencer les travaux. Cette association, au capital de deux millions de dollars, était complètement privée ; elle eut pour premiers directeurs M. Alfred Dent, sir Rutherford Alcock, M. Richard Biddulph Martin, M. Read et le contre-amiral Mayne.

Ils adressèrent une pétition à la reine et, le 7 novembre 1881, une charte d'incorporation leur était accordée.

Cette charte contient vingt articles.

Le premier confère à la « British North Borneo Company » tous les pouvoirs et privilèges de la Compagnie provisoire.

Le deuxième lui prescrit d'accomplir les promesses faites aux concessionnaires.

Le troisième attache un caractère anglais à la Compagnie et lui impose d'avoir son siège principal à Londres.

Le quatrième lui défend d'accorder aucun des bénéfices de la concession à qui que ce soit sans le consentement d'un ministre d'État.

Le cinquième dit que tout différend avec le sultan doit être soumis à l'Angleterre.

Le sixième prescrit que l'Angleterre réglera les différends avec toute puissance étrangère.

Le septième abolit l'esclavage dans le territoire de la Compagnie.

Le huitième ordonne de ne pas gêner les indigènes dans l'exercice de leur religion.

Le neuvième règle l'administration de la justice.

Le dixième parle de la façon de traiter les indigènes.

Le onzième conserve le droit de juridiction de l'Angleterre sur les sujets anglais de la Compagnie, droit qu'elle a dans tout Bornéo par le traité de 1847.

Le douzième prescrit de faciliter l'entrée des bateaux anglais dans les ports de la Compagnie.

Le treizième dit que le secrétaire d'État nommera les principaux représentants.

Le quatorzième permet à la Compagnie d'avoir un pavillon spécial.

Le quinzième règle ses pouvoirs généraux.

Le seizième réserve au gouvernement anglais le droit de défendre à la Compagnie d'user de ses pouvoirs, dans le cas où des réclamations justes seraient faites contre elle.

Le dix-septième défend tout monopole.

Les articles 18, 19 et 20 s'occupent des rapports, statistiques et règlements particuliers concernant l'administration ; tous devront être soumis au secrétaire d'État.

Cette charte n'avait pas encore paru que, le 19 août 1881, la Hollande réclamait par son ministre, M. le comte de Bylandt, contre la violation du traité de 1824, par lequel les deux pays s'étaient réciproquement défendu d'occuper aucune des îles de l'archipel indien.

Dans une lettre du 21 novembre 1881, lord Granville lui répondit que les territoires cédés à M. Dent seraient administrés par la Compagnie sous la suzeraineté des sultans de Bruni et de Soulou, à qui elle devait un tribut annuel ; le gouvernement anglais n'établissait donc aucun droit de suzeraineté sur Bornéo. Puis, il lui donnait l'explication des articles 4, 5, 6, 10, 11, 13, 14, 15 et 16 dans lesquels la Hollande avait cru voir une prise de possession.

Mais cette réponse ne suffit pas à la Hollande et, le 16 décembre, le comte de Bylandt soumettait à lord Granville les objections de son gouvernement.

Le 7 janvier 1882, lord Granville lui écrivit que le traité de 1824 avait trait aux îles Sud des détroits de Singapour et ne pouvait être appliqué à Bornéo. D'ailleurs, ajoutait-il, la question avait été résolue dans ce sens, lors de l'établissement de sir James Brooke à Sarrawak, en 1845, par lord Aberdeen et M. Dedel, ministre des Pays-Bas. De plus, la Hollande n'avait rien dit lorsque l'Angleterre avait occupé Labouan. Il terminait enfin en assurant que Sa Majesté n'avait nulle intention d'établir ses droits de suzeraineté sur l'île de Bornéo et en espérant que ces explications suffiraient à faire cesser le petit différend qui s'était élevé entre les deux nations amies.

En effet, le 17 février, le comte de Bylandt informait lord Granville que la Hollande était satisfaite et assurait l'Angleterre de son amitié.

Mais d'autres difficultés avaient surgi ; le 16 novembre 1881, l'Espagne avait protesté, officiellement, contre l'octroi de la charte d'incorporation.

La rivalité de l'Angleterre et de l'Espagne dans les mers de Bornéo et des Philippines, remonte très loin. En 1763, lorsque les Anglais prirent Manille, ils y trouvèrent en prison le vieux sultan de Soulou, Ali Mudim. Ils le remirent sur le trône et obtinrent, en échange, l'île de Balambangan et le territoire de Sandakan, depuis la rivière Kimanis jusqu'à la pointe Kinabatangan. En 1775 ils en furent chassés par le datou Tentong, de Soulou, poussé, dit-on, à la révolte par les Hollandais. En 1803, les Anglais en reprirent possession et l'abandonnèrent de nouveau en 1805, tout en se réservant certains droits que leur avait accordés Ali Mudim. En 1836, l'Espagne reconnut l'indépendance de Soulou et, dans le traité, elle disait n'avoir jamais réclamé la possession de Sandakan et des autres districts de Bornéo dépendant du sultan de Soulou. En 1849, sir James Brooke conclut, au nom de l'Angleterre, un traité de commerce et d'amitié avec Soulou : par l'article 7 de ce traité, le sultan s'engageait à ne faire aucune cession de terrain et à ne reconnaître la suzeraineté d'aucun pays sans le consentement de la cour de Londres.

Ce traité, qui ne fut pas ratifié, poussa les Espagnols à chasser le sultan, qui conclut avec eux un nouveau traité en 1851.

En 1873, les Espagnols bloquèrent Soulou et défendirent aux bateaux étrangers d'entrer dans aucun port de l'archipel. Sir Henry Bulwer, gouverneur de Labouan, en donna connaissance au cabinet anglais, et, le 2 octobre 1874, le vice-amiral Shadwell, commandant en chef la division navale des mers de Chine, envoya le *Frolic*, commandant Buckle, à Soulou. Il trouva la ville bloquée et tout commerce arrêté.

Deux bateaux de commerce, l'un anglais et l'autre allemand, nommé la *Minna*, ayant été saisis par les Espagnols, dans les mers de Soulou, le gouvernement anglais examina avec soin les différents traités conclus entre Soulou et l'Angleterre et entre Soulou et l'Espagne.

La conclusion fut que, quels que fussent les droits de l'Espagne sur le territoire de Soulou, ces droits devaient être considérés comme déchus, l'Espagne n'ayant jamais exercé de contrôle réel sur ce pays, et qu'on ne pouvait tolérer plus longtemps ces entraves apportées au commerce.

Communication en fut faite à l'Allemagne et des négociations furent ouvertes entre l'Espagne, l'Angleterre et l'Allemagne pour régler cette question. Elles aboutirent à un protocole signé à Madrid, le 11 mars 1877, par les représentants des trois nations; il y était dit que l'Espagne renonçait à toute suzeraineté sur l'archipel de Soulou.

On croyait donc tout sujet de discussion à jamais écarté, lorsqu'on apprit que, le 22 juillet 1878, le gouvernement espagnol venait de conclure avec le sultan de Soulou un nouveau traité par lequel ce dernier se constituait le vassal de la cour de Madrid. Il en reconnaissait la suzeraineté sur tout l'archipel et ses dépendances qui, dans l'esprit des Espagnols, comprenaient les territoires tributaires de la côte nord-est de Bornéo.

Or, le 22 janvier de la même année, le sultan avait cédé à M. Dent le territoire de Sandakan. Aussi, après en avoir donné connaissance à l'Allemagne, le marquis de Salisbury, dans une dépêche du 20 mai 1879, donnait des instructions à M. West, ministre d'Angleterre à Madrid, pour protester contre les prétentions de l'Espagne à la suzeraineté du nord de Bornéo, cette partie de l'île ayant été cédée à M. Dent six mois avant le traité du 22 juillet.

Les Espagnols, occupés à faire la guerre à Soulou, ne songèrent plus au nord de Bornéo jusqu'au moment où la charte d'incorporation fut accordée à M. Dent.

Le 16 novembre 1881, ils protestèrent officiellement. Les chambres des deux pays furent saisies de la question. Mais le territoire acquis régulièrement à prix d'argent par M. Dent et ses associés devait rester à la *North Borneo company*.

L'Angleterre eut gain de cause et agrandit ainsi son domaine colonial d'une immense contrée riche et fertile.

Les terrains achetés par la compagnie s'étendent de la rivière Kimanis, à l'Ouest, jusqu'à la rivière Sibouco, à l'Est; leur forme générale est celle d'un quadrilatère dont trois côtés sont baignés par la mer; leur superficie est d'environ 500 lieues carrées.

L'étendue des côtes est de plus de 500 milles marins; les principaux ports, de l'Est à l'Ouest, sont dans les baies de Sandakan, Kudat, Usukan, Ambong et Gaja.

Le pays est traversé par trois chaînes de montagnes dont le pic le plus élevé, le mont Kini Balou, atteint 4,000 mètres; les monts Silam, Chinava et Mark ont de 800 à 1000 mètres d'altitude.

Les principales rivières sont les rivières Kimanis, Kabatuan, Subaman, Campasuk, Paitan, Sugut, Liugu, Kinibatangan et Sibouco. Plusieurs d'entre elles sont navigables jusqu'à 150 et 200 milles des côtes.

La population indigène ne s'élève pas à plus de 150,000 âmes; d'après M. Dent (meeting tenu à Londres en mars 1879), on trouve une très grande variété de tribus différentes plutôt par leurs noms que par la race. Sur la côte, les Malais, les Ilanums, les Bayans, les Soulous se livrent à la pêche et au commerce maritime; dans l'intérieur, l'agriculture est en honneur chez les Dayacks, les Muruts, les Dusuns, les Iduans, les Bouloudoupis et les Mallapis.

Les Chinois immigrent beaucoup : au nombre de 1000 en 1878, ils étaient 3,000 en 1882.

Un personnel européen dirige les pêcheries des côtes et enseigne l'agriculture aux peuplades de l'intérieur.

Les principaux sièges de la compagnie se trouvent dans les baies de Sandakan et de Kudat. Des résidents sont, en outre, établis dans les baies de Gaja, Ambong, Usukan et Papah.

La baie de Sandakan, sur la côte nord-est, est admirablement située pour le commerce avec l'archipel Soulou, les Philippines, les Célèbes, la Nouvelle-Guinée et même l'Australie.

Parfaitement abritée dans les deux moussons, profonde de douze à quinze milles, large de huit milles, elle peut contenir les plus grands vaisseaux. L'entrée est large de deux à trois milles; l'île de Balhalla lui sert de défense naturelle, et, en temps de guerre, elle serait un superbe lieu de ravitaillement et de refuge pour la flotte anglaise.

Le premier établissement était situé au fond de la baie; mais, un incendie l'ayant détruit, on le reconstruisit sur la côte Ouest, à l'entrée de la rade. On lui a donné le nom d'Elopoura. Le village est construit moitié sur la terre ferme, moitié sur pilotis; on circule dans cette dernière partie au moyen de ponts de bambou. Dans l'autre partie se trouve, au Sud, l'habitation des officiers, du résident, du secrétaire, de l'ingénieur, du médecin et du géologue. Au Nord, une grande construction en bois entourée de fossés et sur laquelle flotte le pavillon de la compagnie, sert de logement à la troupe et à la police; là se trouvent aussi le tribunal, les divers bureaux et la prison.

Une seule rue mal tracée traverse le village du nord au sud, elle est coupée perpendiculairement par trois ou quatre ponts qui la font communiquer avec les cases bâties sur pilotis.

A deux kilomètres environ du village, on défrichait, en 1881, un vaste plateau où devait s'élever l'habitation officielle du résident.

Une vingtaine d'Arabes munis de fusils et de revolvers font la police avec quelques Malais armés de kriss.

La population de Sandakan, d'après le rapport officiel du résident pour le premier semestre de 1881, était à cette époque de 1200 hommes environ, se décomposant comme il suit : 5 officiers de la compagnie, 4 Européens également à son service, 250 à 300 Chinois et 900 Malais.

Vingt-cinq maisons de commerce s'y étaient établies; les routes commençaient à être tracées; une partie considérable des forêts avait été livrée aux flammes pour être ensuite défrichée.

L'état sanitaire du pays est très bon. A peine y observe-t-on quelques cas de fièvre intermittente; la diarrhée et la dysenterie sont à peu près inconnues. C'est même un lieu de convalescence où les malades de Kinabatangan et des rivières viennent achever leur guérison. Le docteur Wall a vacciné avec succès les indigènes, qui n'ont fait aucune résistance.

La température moyenne est inférieure d'un degré environ à celle de Sarrawak; chaque jour la brise de mer vient modérer les ardeurs du soleil et la fraîcheur de la nuit permet au sommeil de réparer les fatigues de la journée.

On trouve, à Sandakan, du poisson excellent, des canards, des porcs, de la chèvre, du buffle et du gibier.

Les poulets et les œufs sont rares et très chers; on paye l'œuf 0 fr. 40 cent.

Les légumes sont, pour ainsi dire, inconnus; mais, sans aucun doute, dans quelques années, les jardins chinois suffiront à l'alimentation de la colonie naissante.

Presque toutes les petites industries y sont représentées, tels que boulangerie, menuiserie, charronnage, etc...

Le port de Kudat est situé sur la côte Ouest, dans la baie de Marudu. Il est placé de façon à intercepter tout le commerce de Palawan, Balabac, Soulou et des Philippines, qui se fait par le détroit de Malavallée.

Ce port a été découvert en août 1881 par le commandant Johnston de l'*Egeria*. Le 25 du même mois, le gouverneur, M. Treacher, et M. Everest, ancien résident du Bintulu, dans la province de Sarrawak, le visitèrent et le trouvèrent si bien disposé qu'ils résolurent d'y établir une résidence.

Actuellement une petite ville commence à s'élever là où, il y a quelque temps, on ne voyait que forêts impénétrables.

Dans la baie d'Usukan, à 8 kilomètres de l'embouchure du Tampasuk se trouve un troisième résident; un des steamers de la compagnie y relâche deux fois par mois.

Deux autres résidences sont encore établies dans la baie d'Ambong et dans celle de Gaja. Cette dernière surtout est magnifique; elle est fermée et défendue par quatre ou cinq îlots dont les principaux sont les îlots Gaja et Sapangar, ce dernier à l'entrée de la baie du même nom.

Le service de ces différents ports était fait par le steamer *Bornéo*, affrété par la compagnie pour faire quinze voyages par an sur les côtes Nord-Ouest jusqu'à Kudat.

La côte Nord-Est était desservie par le *Royalist* jusqu'à Soulou.

Les produits commerciaux sont exportés presque tous à Singapour.

Le commerce, bien qu'encore restreint, tend à augmenter rapidement, ainsi que le montre le tableau suivant :

ANNÉES.	EXPORTATION.	IMPORTATION.	TOTAL.
	dollars.	dollars.	dollars.
1878	25,000	18,000	43,000
1879	39,479	25,029	64,508
1880	99,912	54,733	154,645
1881	100,000	160,000	260,000

Il a sextuplé en quatre ans.

Les produits sont analogues à ceux de Sarrawak; les productions végétales tiennent le premier rang, à cause des nombreuses forêts qui couvrent le pays.

M. Dobree, planteur de Ceylan, a visité une grande partie des districts et y a trouvé les terrains les plus favorables à la culture du café et du sagou.

M. Witti, résident de Tampasuk, a traversé tout le nord du pays, depuis la baie Marudu jusqu'à Sandakan.

M. Pryer, résident de Sandakan, a exploré la rivière de Kinabatangan sur un parcours de 150 milles.

Leurs rapports concordent sur la richesse du pays en végétaux de toute espèce; les environs du mont Kini Balou sont particulièrement disposés pour la culture du café, du thé et du quinquina. Sur tout le cours de Kinabatangan et des autres rivières on récoltera facilement l'indigo, le tabac, le coton et le riz.

Les arbres à caoutchouc et à gutta-percha croissent en grande abondance; ces derniers atteignent jusqu'à cent pieds d'élévation, tandis que leur tronc en présente six de circonférence.

Le rotin et le camphrier se rencontrent dans toutes les forêts, à côté des essences les plus variées, bois de construction et d'ornement.

Le riz, le millet, le tapioca, le blé, la canne à sucre, le tabac, le coton, le poivre sont partout cultivés.

Les manguiers, les bananiers, les orangers, les citronniers, tous les différents fruits tropicaux croissent à l'état sauvage; les bras seuls manquent pour les apporter sur les marchés.

De toutes ces richesses végétales, quelques-unes feront spécialement l'objet de la culture et du commerce : ce sera le café, le cacao, le quinquina, le coton, le riz, le sagou, le tabac, les différentes gommes, le camphre, la gutta-percha, le poivre, le gambier.

Plusieurs se trouvent déjà en grande abondance dans le pays, et M. Dobree a rencontré de grandes étendues de terrain propices à la culture des autres. Le café que l'on cultivera sera surtout celui de Libéria et d'Arabie.

Bien que les minéraux soient également très répandus, particulièrement le charbon et le mercure, le but de la compagnie étant surtout agricole, ces produits ne seront qu'une partie secondaire de son commerce.

Il en sera de même pour les produits animaux, tels que nids d'hirondelles, cire d'abeille, poissons, huîtres perlières, trépangs, écaille de tortue.

La compagnie de Bornéo a devant elle un beau champ à cultiver : produits végétaux, minéraux et animaux y abondent. Les indigènes sont de mœurs douces et affables. Les capitaux sont amplement suffisants; des 400,000 livres qui formaient le premier capital, 210,000 ont été employées à acheter le terrain. Au meeting tenu à Londres le 3 octobre 1882, le secrétaire déclarait que les 190,000 qui restaient étaient entièrement disponibles pour servir aux frais de l'exploitation. L'appui officiel de l'Angleterre la protégeant contre tout ennemi extérieur, il ne manquait plus à la compagnie que des travailleurs.

Où devait-on les chercher? M. Spencer Saint-John, ancien consul général à Bornéo, nous le dit. C'est en Chine. « Les Chinois seuls, écrit-il dans le *Life in the forests of the far east*, peuvent développer les îles de l'archipel. C'est l'unique peuple de l'Asie qui puisse supporter un gouvernement européen; il est industriel, travailleur, commerçant, et, par la ferme de l'opium, le tabac, les spiritueux, il est la source de revenus importants. Du reste, ajoute-t-il, regardez Sarrawak; les trois mille Chinois qui l'habitent rapportent plus qu'un million de Dayacks ou de Malais ».

A Java, dont la superficie est de 950 lieues carrées, les Chinois rapportent dix millions de livres par an.

A Singapour ils rapportent 200,000 livres.

A Bornéo on pouvait, dès le début, recevoir 500,000 Chinois et il fallait favoriser leur immigration.

Aussi sir Walther Medhurst, ancien consul d'Angleterre en Chine, parcourut-il ce dernier pays, cherchant partout des immigrants, leur promettant le passage gratuit, des terres à cultiver et les plus grandes facilités pour s'établir. A la fin de 1882, on en comptait trois mille dans le territoire de la compagnie, et, depuis cette époque, le nombre s'en est accru considérablement.

Tels furent les débuts de la *North Borneo Company;* ainsi qu'il était facile de le prévoir, les terrains achetés par la compagnie sont devenus colonie anglaise. Bornéo tend à reprendre son ancienne splendeur; mais, au lieu d'être un royaume tributaire de la Chine, cette île reconnaîtra la suzeraineté de l'Angleterre.

Les Hollandais sont toujours les maîtres des côtes Sud; mais, ainsi que nous l'avons dit, l'insalubrité du climat, la mauvaise nature du sol et le caractère des habitants empêcheront qu'ils en tirent quelque profit.

La principauté de Sarrawak est indépendante; toutes ses sympathies sont néanmoins pour la Grande-Bretagne, et, sans nul doute, un des rajahs ajoutera ce fleuron à la couronne britannique.

Quant au sultan de Bruni, une rente de quelques mille livres sterling achètera facilement son vieux royaume morcelé et l'Angleterre sera maîtresse de la riche et fertile Bornéo.

Devastation, le 12 novembre 1887.

Paris. — Imprimerie L. Baudoin et Cie, 2, rue Christine.

www.ingramcontent.com/pod-product-compliance
Ingram Content Group UK Ltd.
Pitfield, Milton Keynes, MK11 3LW, UK
UKHW012114240726
13965UKWH00004B/1759